AMSTERDAM

Hendrik Stoorvogel

AMSTERDAM

Nederlands | English | Deutsch | Français

UITGEVERIJ BEKKING AMERSFOORT

ISBN 90 6109 0660

Het gebeurt in Amsterdam

Amsterdam met zijn vele kunstgalerieën en boutiques, met zijn vermaarde Paradiso is een stad die de jonge generatie aanspreekt.

Maar Amsterdam heeft een leefklimaat voor iedereen. Want Amsterdam is ook een internationaal handelscentrum. De statige herenhuizen uit de Gouden Eeuw rondom de unieke grachtengordel van deze oude stad zijn er met de historische pakhuizen de robuuste getuigen van dat Amsterdam sinds eeuwen toonaangevend in de internationale handel is.

Amsterdam is een weerspiegeling van de tijd, ook de tijd waarin wij leven. Aan de rand van de stad strekken zich de zorgvuldig geplande ruimten van de tuinsteden uit, strakke flatgebouwen, omzoomd door het groen van veel plantsoenen, doorkruist door een net van wegen. Moderne industrieën zijn in en rondom de stad gevestigd en vanuit kantoorgebouwen met de ranke architectuur van vandaag worden zakelijke contacten onderhouden met elk land ter wereld.

Amsterdam is ook een toeristenstad. U bent een van de miljoenen bezoekers. Maar hoelang u ook blijft en hoeveel geld u ook uitgeeft, nooit kunt u met eigen ogen een volledig beeld krijgen van een stad die zo'n rijke historie heeft en niet tussen de herinneringen aan het roemruchte verleden is ingeslapen, maar dynamisch aan het moderne leven deelneemt. Alles willen zien in Amsterdam is rusteloos heen en weer rennen en te weinig genieten van wat u wèl ziet. Daarom is dit boek met zijn fraaie foto's in kleur een verstandige aanschaf. U kunt rustig bekijken en nagenieten van wat u met eigen ogen zag. Zo neemt u uw herinneringen mee terug naar de stad waar u leeft.

Ook kan dit boek een wegwijzer voor u zijn. Een toerist op reis wil snel weten waar het om gaat. In dit fotoboek voor de toerist dan ook geen lange verhalen met veel wetenswaardigheden, maar wel korte teksten bij de foto's die u tussen neus en lippen door heel wat van Amsterdam vertellen en mogelijk een leidraad voor uw zwerftochten door Amsterdam zijn. En al lezend en kijkend raakt u aardig thuis in Amsterdam. U krijgt de smaak te pakken.

Iedere toerist heeft zijn favoriete bezigheid. U zoekt voor uw camera-oog een originele blik op een eeuwenoude toren, u bezoekt kerken, een vesting of een hofje om de hoofse sfeer van weleer, u wilt de cultuur van het land zoeken in de musea. Of u wilt uitgaan, een goed restaurant of eethuisje bezoeken, bartje in, bartje uit en daarna naar een nachtclub. Op uw gemakje op een terrasje bijkomen met een kijkje op het stadsgewoel. Een beetje scharrelen op een markt, wat rondhangen bij zeeschip of dok. Wat de vreemdeling in Amsterdam ook zoekt, hij vindt het.

Hij ja, maar zij? Amsterdam heeft de moderne vrouw veel te bieden. Als zij hierboven haar liefhebberij niet heeft aangetroffen, komt dat omdat een volledige opsomming onbegonnen werk is. Winkelen in een van de moderne warenhuizen, maar ook in een van de vele gezellige winkelstraten waar elegante winkeltjes hun exclusiviteiten etaleren, is een bezigheid waarvan ze niet gauw moe zal worden en dan zijn er altijd nog de vele koffiebars om op verhaal te komen. De Amsterdammers treden heel wat buitenlanders in het Internationaal Congrescentrum als gastheer tegemoet. Maar dat is gelukkig niet de enige plaats waar u de Amsterdammer als een vriendelijk gastheer leert kennen. Dat is hij ook in uw hotel, in de winkels waar u binnengaat, in de bar waar u het glas met hem heft. Hoe u het inkleedt is uw zaak, probeer tijdens uw verblijf de Amsterdammers en hun stad zo goed mogelijk te leren kennen.

De makers van dit boekje helpen u een handje.

It's all happening in Amsterdam

Amsterdam with its wealth of art galleries and boutiques, its famous youth clubs such as Paradiso, is a city with a strong appeal for the younger generation.

But there's something in the atmosphere of Amsterdam which appeals to everyone. For Amsterdam is also a centre of international commerce. The stately patrician houses of the Golden Age which line the unique complex of canals engirdling this old city, and the historic warehouses, together bear

sturdy witness to the fact that Amsterdam has for centuries been a leading centre of international trade.

Amsterdam is a reflection of the ages – and also of the age in wich we live. Carefully planned and spacious garden suburbs extend around the outskirts of the town, the cleancut lines of blocks of flats are framed amid the greenery of trees and shrubs and a network of roads and highways cuts across the urban landscape. Modern industries have their home in and around the city and from office blocks whose slender lines epitomise the architecture of today business contacts are maintained with every country in the world.

Amsterdam is also a tourist city. You yourself are one of its many visitors. But

De draaiorgels nemen een opvallende plaats in in het stadsbeeld. Meestal hoort u ze al van verre met hun typische hartverblijdende klank. Menigeen heeft zijn hart verpand aan deze orgels.

The barrel organs hold a conspicuous place in the city. You will frequently hear them from afar with their typical, enchanting sound. Many a man has lost his heart to these organs.

Die Drehorgeln nehmen einen auffallenden Platz im Stadtbild ein. Meist hören Sie ihre herzerquickenden Klänge schon in der Ferne. Schon mancher hat sein Herz an diese Drehorgeln verloren.

Les orgues de Barbarie sont une des notes pittoresques de la ville. D'habitude, vous entendez de loin déjà leur musique égrillarde qui vous réchauffe le cœur et vous donne envie de danser.

no matter for how long you stay and how much money you spend, your own eyes can never give you a complete picture of a city so rich in history, a city which has not been lulled to sleep amidst the memories of its glorious past but joins in the cut and thrust of modern life with that selfsame dynamism of bygone days.

The tourist who wishes to see everything in Amsterdam finds himself dashing endlessly from place to place without savouring to the full the things he does succeed in seeing. That is why this book with its attractive photographs in colour is a wise purchase. You can look through it at your leisure and enjoy in retrospect the pictures of places you have seen with you own eyes. And so you can take your memories back with you to the town in wich you live .

Every tourist has his favourite pastime. Some search for a centuries-old tower to capture with the camera's eye. Some visit churches, a fortress or a secluded courtyard to relive the stately atmosphere of days gone by. Some seek the culture of the country in museums and art galleries. Others again like to go out for a meal to a good restaurant or cosy eating house, to do the round of the bars then end up at a night club. Or to sit down at their leisure on a café terrace and observe the stir and bustle of the city. Rummaging around in a market, idly sauntering beside an ocean-going liner or strolling round a dock: whatever the stranger to the city seeks he's sure to find.

He will indeed. But what about her? Amsterdam has much to offer the modern woman. If she hasn't found her special interest in the pastimes mentioned above that is only because a complete summary would be never-ending in its scope.

Shopping in one of the modern department stores, but also in one of the many intimate shopping thoroughfares where elegant boutiques display their exclusive wares: that is an occupation of which she will not quickly tire. And then there are always the numerous coffeeshops where flagging energies can be revived. The people of Amsterdam act as hosts to a multitude of foreigners in the International Congress Centre. But fortunately that is not the only place in which you'll get to know the Amsterdammer as a friendly host. His hospitality extends to your hotel, to the shops you go into, to the bar where you have a drink with him. How you go about it is your own affair but during your stay try to get to know the Amsterdammers and their city as well as you possibly can.

The authors of this book will help you along.

Amsterdam mit seinen vielen Kunstgalerien, seinen Boutiquen und seinen berühmten Treffpunkten wie z.B. Paradiso ist eine Stadt, die junge Menschen anspricht. Sie bietet aber nicht nu der jungen Generation, sondern allen ein Klima, in dem sich leben lässt, denn Amsterdam ist auch eine Metropole des internationalen Handels. Die stattlichen Herrenhäuser aus dem goldenen Zeitalter, die den in seiner Art einzigen Grachtengürtel dieser alten Stadt umsäumen, und die historischen Lagerhäuser sind steinerne Zeugen für die führende Rolle, die Amsterdam seit Jahrhunderten im internationalen Handel spielt.

In Amsterdam spiegeln sich die Zeiten wider, auch die Zeit, in der wir leben. Am Rande der Stadt dehnen sich die Areale sorgfältig geplanter Gartenstädte aus, geradlinige Etagenwohnhäuser, umgeben vom Grün vieler Anlagen, durchkreuzt vom Netz der Strassen. In der Stadt selbst und in ihrer näheren Umgebung haben sich moderne Industriebetriebe niedergelassen, und von Bürogebäuden aus, die den ranken Stil der Gegenwart demonstrieren, werden Geschäftsverbindungen mit allen Ländern der Erde unterhalten.

Amsterdam ist auch eine Touristenstadt. Sie sind einer der Millionen Besucher. Aber solange Sie auch hier verweilen, so viel Sie sich diesen Aufenthalt auch kosten lassen mögen, niemals werden Sie sich mit eigenen Augen ein vollständiges Bild machen können von dieser Stadt, die auf eine so reiche Geschichte zurückblickt und doch nicht über der Erinnerung an eine ruhmreiche Vergangenheit eingeschlafen ist, sondern mit dem gleichen Tätigkeitsdrang am modernen Leben teilnimmt. Alles sehen wollen, was Amsterdam zu bieten hat, hiesse rastlos hin und her eilen und das Geschaute zu wenig geniessen. Deshalb ist dieses Buch mit prächtigen Fotos in Farbe eine Anschaffung, die sich lohnt. Sie können nun in Ruhe betrachten und sich nochmals erfreuen an dem, was Sie mit eigenen Augen gesehen haben, vielleicht nur flüchtig. So nehmen Sie eine Erinnerung mit in ihren Heimatort.

Dieses Buch kann Ihnen auch als Wegweiser dienen. Ein Tourist auf Reisen will sich schnell über das orientieren, was ihn interessiert. In diesem Fotobuch für Touristen finden Sie daher keine langen Geschichten mit vielen wissenswerten Einzelheiten, sondern kurze Begleittexte zu den Fotos, die Ihnen mit wenigen Worten eine Menge sagen. Es wird Ihnen vielleicht als praktischer leitfaden für Ihre Streifzüge durch Amsterdam dienen können.

Schon beim Lesen werden Sie sich besser in dieser Weltstadt zurechtfinden und erst richtig auf den Geschmack kommen. Jeder Tourist hat seine besonderen Interessen. Sie suchen für Ihr Kameraauge einem originellen Blick auf

einen jahrhundertealten Turm, Sie besuchen Kirchen, eine Festung oder den Innenhof eines Gebäudes aus der höfischen Zeit, Sie möchten die Kultur des Landes in den Museen kennenlernen. Oder Sie Wollen ausgehen, ein gutes Restaurant, eine bekannte Speisewirtschaft besuchen, eine Bierrunde durch die Bars machen und danach die Attraktionen eines Nachtlokals sehen. Vielleicht wollen Sie auch nur gemütlich auf der Terrasse eines Kaffeehauses sitzen und beschaulich das Gewimmel der Passanten betrachten, Grosstadt-

atmosphäre geniessen, an Marktständen vorbeischlendern, zusehen, wie ein Hochseeschiff auf Dock gelegt wird. Was der Fremde in Amsterdam auch suchen mag, er wird es finden.
Dieses Buch wird Ihnen dabei helfen.

Het monument op de Dam is een indruk-
wekkende herinnering aan de laatste wereld-
oorlog. Als zodanig is het gedenkteken mid-
delpunt van herdenkingen, maar het monument leidt verder geen achter hekken van
het Amsterdamse leven geïsoleerd bestaan.
Integendeel, tussen de middag koesteren
jongelui er zich in de zon, iemand zoekt een
positie voor een goede foto en 's avonds
wordt er (soms) gedemonstreerd.

The monument on Dam Square is an im-
pressive memorial to the late war. As such
the memorial is the centre of commemora-
tion services, but the monument does not
lead an isolated existence behind the gates of
Amsterdam life. On the contrary, at lunch
time young people are basking there in the
sun, somebody is trying to find a suitable po-
sition for a good snapshot and in the evening
there are (occasionally) demonstrations.

Das Monument auf dem Dam is ein ein-
drucksvolles Mahnmal an den letzten Welt-
krieg und als solches Mittelpunkt von Ge-
denkfeiern. Im übrigen aber ist das Monument nicht durch Gitter vom Amsterdamer
Leben abgetrennt. Im Gegenteil. In den
Mittagpausen sonnen sich hier junge Leute,
jemand sucht die richtige Perspektive für ein
gutes Foto, und am Abend wird (zuweilen)
demonstriert.

Le monument sur le Dam est un souvenir
imposant de la dernière guerre mondiale. Il
est le centre de commémorations solennelles,
mais dans la vie de tous les jours, des jeunes
gens y prennent des bains de soleil, l'ama-
teur de photographie ajuste son appareil et,
le soir, il y a (parfois) des manifestations.

Ainsi va Amsterdam

Avec ses nombreuses galeries d'art, ses élégantes boutiques et ses maisons de jeunes aux noms évocateurs comme par exemple Paradiso, Amsterdam exerce bien des attraits sur la génération montante.

A Amsterdam, chacun peut trouver l'ambiance qui lui convient. En effet, Amsterdam est aussi un centre commercial international. Les imposants hôtels particuliers du Siècle d'Or, bordant l'extraordinaire ceinture aquatique de la vieille ville sont, avec les entrepôts historiques, les signes tangibles de l'essor, pris par Amsterdam depuis des siècles, dans les échanges internationaux.

Mais Amsterdam est aussi à l'image de l'époque actuelle. Aux abords de la ville, s'étendent des cités-jardins, des immeubles à appartements multiples, des espaces verts à profusion; l'ensemble étant parcouru par un réseau de voies d'accès bien conçu. Tout autour de la ville, des industries modernes se sont implantées. Depuis les bâtiments administratifs aux lignes modernes, des affaires se traitent avec tous les pays du monde. Amsterdam est encore une ville touristique. Vous êtes l'un de ses millions de visiteurs. Quels que soient le temps et l'argent que vous consacriez à votre visite, vous ne pourrez malheureusement jamais voir l'ensemble des richesses historiques et autres d'une ville qui ne s'est pas endormie sur ses souvenirs et sa gloire passée, mais qui a su maintenir son dynamisme pour participer à la vie moderne. Vouloir tout voir à Amsterdam se traduirait par une course épuisante, une confusion aberrante et un plaisir très mitigé. C'est pourquoi le présent ouvrage, joliment illustré par des photographies en couleurs, est une acquisition absolument justifiée. Vous examinerez à loisir ce que vos yeux ont vu et vous revivrez des instants inoubliables. Vous pourrez ainsi rentrer chez vous avec une précieuse source de souvenirs.

En outre, cet ouvrage pourra vous servir de guide. En voyage, on aime savoir pour mieux connaître. Cet album de photos ne contient pas de longs discours gonflés d'une surabondance de détails, mais simplement de brèves explications qui vous apprendront cependant bien des choses sur Amsterdam et pourront vous guider dans vos périples à travers la ville.

Tout en feuilletant cet album, vous vous familiariserez déjà avec Amsterdam que vous aurez envie de mieux connaître. A chacun son passe-temps favori. Peut-être cherchez vous pour votre oeil photographique un angle original sur une tour séculaire? Ou voulez-vous visiter des églises ou d'autres vesiges toujours chargés de réminiscences? Ou bien partir à la recherche de la culture du pays dans les musées? Trouver un restaurant pittoresque, un temple de la

gastronomie, de petits cafés et enfin une boîte de nuit?

Flâner ou paresser à une terrasse, en prenant le pouls de la ville? Evoluer au milieu des étals d'un marché ou côtoyer les navires sur les quais? Quoi que visiteur cherche à Amsterdam, il le trouve. Le visiteur, oui, mais la visiteuse? A la femme moderne, Amsterdam offre des resources inépuisables. Inutile d'entreprendre une fastidieuse énumération de toutes les possibilités! Le shopping dans les grands-magasins, le lèche-vitrines dans les rues commerçantes au milieu des étalages offrant leurs trésors aux regards, voilà une occupation dont la femme ne se lasse pas. Et il y a toujours un établissement dans lequel se reposer, l'instant d'une pause-café.

Les Amstellodamois accueillent des foules d'étrangers dans leur palais des Congrès Internationaux. Bien entendu, ce n'est pas le seul endroit où l'habitant d'Amsterdam sera votre hôte, votre ami. Vous le rencontrerez aussi à votre hôtel dans les magasins, les restaurants et les cafés où vous prendrez avec lui le verre de l'amitié. Peu importe la manière dont vous vous y prendrez, mais essayez donc, pendant votre séjour, de mieux connaître Amsterdam et ses habitants.

Les réalisateurs de cet ouvrage espèrent pouvoir vous y aider.

Halsgevel

Lijstgevel met attiek

Verhoogde lijstgevel met kuif

Trapgevel

Tuitgevel

Klokgevel

Universiteitsbibliotheek.
University Library.
Bibliothèque de l'université.
Universitätsbibliothek.

Behalve op de markten treft u overal in de stad kraampjes aan waar venters aan de straathandel een goed belegde boterham verdienen. Er zijn niet alleen bloemen en fruitkraampjes; patates frites, worst, ijs, gerookte paling en de Hollandse lekkernij bij uitstek: haring (met ui, natuurlijk).

Not only in market-places but throughout the city you will find stalls where vendors earn a comfortable living out of street-trade. There are stalls for flowers and fruit, chips, sausage, ice, smoked eel and the Dutch treat par excellence: herring (with sliced onions, of course).

Neben den Märkten finden Sie auch überall in der Stadt Buden, deren Besitzer im Strassenhandel ein gutes Auskommen finden. Es gibt nicht nur Blumen- und Obststände; Sie können auch Pommes frites, Würstchen, Eis, Räucheraal und den holländischen Leckerbissen par excellence: Hering (mit Zwiebeln, natürlich).

Non seulement sur les marchés, mais un peu partout dans la ville, les camelots dressent leurs éventaires pour faire le commerce en plein air. Ils ne vendent pas seulement des fleurs et des fruits; vous y trouverez aussi des pommes frites, des saucissons, de la glace, des anguilles fumées et la spécialité hollandaise par excellence: le hareng (bien entendu, saupoudré d'oignon).

Wat let je om een hengeltje uit te gooien?
Well, you can just as well throw out a bait.
Warum sollte man eigentlich nicht
ein Weilchen angeln?
Pourquoi pas de pêcher à la ligne?

36

De drijvende bloemenmarkt aan het Singel.
The floating flower market on the Singel.
Der schwimmende Blumenmarkt auf der Singel.
Le marché aux fleurs flottant sur le Singel.

Als je eenmaal op een van de talrijke terrasjes bent neergestreken, dan klinkt eerder: 'Zullen we er nog eentje nemen?' dan 'We stappen weer eens op'. Geen wonder dat je er als de kippen bij moet zijn als er een plaatsje vrij komt. Als de zon schijnt tenminste...
Once you have sat down on one of the numerous terraces, you will sooner hear: 'Let's have another one' than 'We must get a move on'. No wonder that you should not be slow in taking a seat when it becomes vacant. At least when the sun is shining...

Wenn man sich einmal auf einer der zahlreichen Terrassen niedergelassen hat, hört man öfter: 'Sollen wir uns noch einen genehmigen?' als: 'Gehen wir?'. Kein Wunder, dass man sich reisst um jeden Platz, der frei wird – zumindest wenn die Sonne scheint...
Il est bien plus normal d'entendre sur les nombreuses terrasses: 'Encore une tournée?' qu'un déprimant 'Rentrons'. Rien d'étonnant que les tables libres soient rares. Du moins, par un beau jour de soleil...

'Een bruin café' is de naam voor de ouderwetse dranklokalen, waar het bruin van een gedegen houten tapkast en tafels nog geen plaats heeft gemaakt voor het plastic en neon van deze tijd. Curieuze cafeetjes waar het borreluur lang en gezellig is.

'A brown café' is the name of the old-fashioned drinking-houses, where the brown colour of a solid, wooden bar and tables has not yet been replaced by the plastic and neon things of this time. Odd cafés where the aperitif time is long and cosy.

'Braune Cafés' heissen die altmodischen Schenken, in denen das Braun gediegener Holztheken und -tische dem Kunststoff und der Neonbeleuchtung unserer Zeit noch nicht gewichen ist. Kuriose Cafés, in denen die Zeit rasch und angenehm vergeht.

'Un café brun' désigne une de ces anciennes tavernes où le brun du buffet et des tables en bois n'a pas encore cédé la place au plastique et néon de notre époque moderne. De curieux petits cafés où l'heurs de l'apéritif se prolonge dans une ambiance de contentement.

43

SKOL International BIER
Heineken bier
TOPLESS BAR
CARROUSEL
LIVE MUSIC
SKOL international bier
Jacqueline's TIVOLI
bar
Carrousel
Windsor
Cabaret
TOPLESS SERVICE
BAR

De grachtengordels die de hoofse voorvaders
van de Amsterdammer delfden, deden vele
eilanden ontstaan. Thans zijn er nog 90, die
met elkaar worden verbonden door zo'n 650
bruggen.

The girdle of canals which the courtly fore-
fathers of the Amsterdam citizens dug
caused many islands to come into existence.
Today there are 90 left, which are connected
with one another by about 650 bridges.

Durch die Grachtengürtel, die die höfischen
Vorfahren der Amsterdamer aushoben, sind
viele kleine Inseln entstanden. Heute gibt es
noch 90 solcher Inseln; sie sind durch etwa
650 Brücken miteinander verbunden.

Les canaux concentriques creusés par les
aïeux des habitants d'aujourd'hui, ont créé
des îles nombreuses. Il y en a encore 90, re-
liés par quelque 650 ponts.

49

De burgers van het oude Amsterdam trokken de ene grachtengordel na de andere rondom de oude stadskern. Singel, Herengracht, Keizersgracht, Prinsengracht, de herenhuizen rijen zich aaneen.

The citizens of old Amsterdam drew one girdle of canals after another round the old city centre. Singel, Herengracht, Keizersgracht, Prinsengracht, long rows of mansions are strung together.

Die Bürger des alten Amsterdam gruben den einen Grachtenring nach dem anderen um den alten Stadtkern: Singel, Herengracht, Keizersgracht, Prinsengracht. Das eine 'Herrenhaus' reiht sich an das andere.

Les habitants du vieil Amsterdam ont creusé une série de canaux qui entourent la vieille cité: Singel, Herengracht, Keizersgracht, Prinsengracht, où s'alignent les maisons de maître.

De grachten hebben als vervoerswegen vrij-
wel afgedaan. De rondvaartboten maken er
een des te intensiever gebruik van en natuurlijk komen ze hier en daar nog wel een
schuit tegen.

The canals have almost served their purpose
as means of communication. The motor
launches use them all the more intensively
and, of course, here and there they mee some
barge.

Die Grachten haben ihre Bedeutung als
Verkehrswege verloren. Um so intensiver
werden sie von den Rundfahrtbooten be-
nutzt, die hier und da doch noch einem
Lastkahn begegnen.

Les canaux ne servent plus guère au trans-
port. Les bateaux de plaisance en profitent,
mais ils rencontrent néanmoins de temps à
autre un chaland.

Oud en nieuw, dat gaat
in Amsterdam samen.
Old and new go to-
gether in Amsterdam.
Alt und neu sind in
Amsterdam miteinan-
der verbunden.
Antiquités et nouveau-
tés voisinent à Amster-
dam.

Een avondlijke wandeling moet u zich zeker niet ontzeggen. Neem er de tijd voor. Een goed idee is voor de tweede keer en nu in het donker (of voor de eerste keer, maar doe het dán bij daglicht nog eens over) in een van de vele rondvaartboten te stappen. De gevels die er door hun historische schoonheid voor in aanmerking komen – en dat zijn er heel wat – en de bruggen zijn met talloze lampjes en spreidlicht feeëriek verlicht.

You should certainly not deny yourself an evening walk. Take your time about it. It is a good idea to get into one of the numerous motor launches a second time but then at night (or for the first time, but then do it again by daylight. The façades suitable for it on account of their historic beauty – and there are a great many of them – and the bridges are illuminated by numerous bulbs and spreadlight, wich makes a fairy-like impression.

Einen abendlichen Spaziergang dürfen Sie nicht versäumen. Nehmen Sie sich dazu die nötige Zeit. Eine gute idee ist es, zum zweitenmal, und zwar jetzt im Dunkeln (oder zum erstenmal, aber dann müssen Sie auch noch eine Rundfahrt bei Tage machen), in eines der vielen Rundfahrtboote zu steigen. Die Giebel, die wegen ihrer historischen Schönheit dafür in Betracht kommen – und das sind nicht wenige – und die Brücken werden nachts von unzähligen Lampen und Scheinwerfern feenhaft beleuchtet.

Ne vous privez pas d'une promenade faire le soir. Prenez votre temps. Ce serait une bonne idée de faire une seconde excursion en bateau et, maintenant, dans l'obscurité (ou pour la première fois, mais alors faites encore cette même excursion le jour); il y a beaucoup de bateaux de plaisance à Amsterdam. Les façades qui se recommandent par leur beauté historique – et il y en a beaucoup – ainsi que les pont sons illuminés d'innombrables lampes qui répandent une lumière féerique.

Amsterdam, 'het Venetië van het Noorden', is de stad van de 100 grachten en 700 bruggen.

Amsterdam, 'the Venice of the North', is the city of the 100 canals and 700 bridges.

Amsterdam, das 'Venedig des Nordens', ist die Stadt der 100 Kanäle und 700 Brücken.

Amsterdam, la 'Venise du Nord', est la ville des 100 canaux et des 700 ponts.

Monument voor Amsterdam:
450.000 fietsen.

Monument for Amsterdam:
450.000 bicycles.

Denkmal für Amsterdam:
450.000 Fahrräder.

Un monument pour
Amsterdam: 450.000
bicyclettes.

Er zijn riante grachtenhuizen uit de Gouden eeuw. Maar u kunt ervan verzekerd zijn dat de restauratie ervan ook handen met goud heeft gekost. Wees dan ook niet verbaasd tussen de huizenpracht van eeuwen her doodvermoeide geveltjes aan te treffen die verlangen naar de troffel van de restaurateur of de moker van de sloper als er geen redden meer aan is.

There are splendid homes on the canals from the Golden Age. But you may rest assured that their restoration cost heaps of gold. So don't be astonished to find between the splendour of century-old houses some dead-tired façades longing for the trowel of the restorer or the sledge-hammer of the housebreaker if they are past saving.

In Amsterdam stehen prachtvolle Grachtenhäuser aus dem Goldenen Jahrhundert. Sie können jedoch sicher sein, dass ihre Restaurantion etliche Handvoll Gold gekostet hat. Seien Sie deshalb nicht erstaunt, wenn Sie inmitten der Häuserpracht aus früheren Jahrhunderten todmüde Häuschen entdecken, die sehnlich auf die Kelle des Restaurators oder, wenn sie nicht mehr zu retten sind, auf den schweren Hammer der Abbruchsarbeiter warten.

Il y a de magnifiques hôtels du XVIIe siècle. Mais vous pouvez être assuré qu'ils ont été restaurés à prix d'or. Ne vous étonnez donc pas de voir entre toutes ces magnificences d'autrefois, de pauvres façades fatiguées qui aspirent à la truelle du maçon ou à la pioche du démolisseur s'il n'y a plus moyen de les sauver.

74

De Amsterdamse
Stadsschouwburg.

The Amsterdam
Municipal Theatre.

Die Amsterdamer
Stadsschouwburg

Le Théâtre
d'Amsterdam.

Alom cultuur: theater 'Carré', het Scheepvaartmuseum en het beroemde Concertgebouw.
Culture everywhere: theatre 'Carré', the
Naval Museum and the famous 'Concertgebouw'.
Überall Kultur: Theater 'Carré', das Schiff-
fahrtsmuseum und das berühmte 'Concertgebouw'.
Culture en tous lieux: le théatre 'Carré', le
Musée Nautique et le célèbre 'Concertgebouw'.

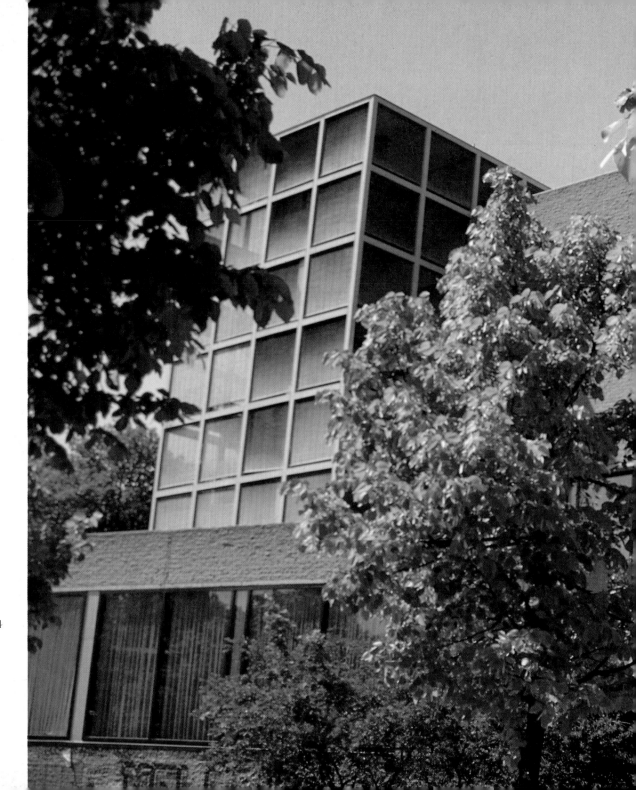

Het Rijksmuseum met 'De Nachtwacht' van Rembrandt.
The Rijksmuseum with Rembrandt's 'Night Watch'.
Das Rijksmuseum mit Rembrandts 'Nachtwache'.
Le 'Rijksmuseum' avec 'La Ronde de Nuit' de Rembrandt.

Musea in Amsterdam

ALLARD PIERSON MUSEUM
Oude Turfmarkt 127

MUSEUM AMSTELKRING
(Ons Lieve Heer op Solder)
Oudezijds Voorburgwal 40

AMSTERDAMS HISTORISCH
MUSEUM
Kalverstraat 92

ANNE FRANK HUIS
Prinsengracht 263

ARTIS
Plantage Kerklaan 38–40

BANKETBAKKERS MUSEUM
Wibautstraat 220–222

BIJBELS MUSEUM
Herengracht 366

HET DRUKHUIS
Herengracht 229

FILMMUSEUM
Vondelpark 3

GEOLOGISCH MUSEUM
Nieuwe Prinsengracht 230

RIJKSMUSEUM VINCENT VAN GOGH
Paulus Potterstraat 7

JOODS HISTORISCH MUSEUM
Waaggebouw Nieuwmarkt

WERF 'T KROMHOUT
Hoogte Kadijk 147

MUSEUM VAN LOON
Keizersgracht 672

NEDERLANDS INSTITUUT
VOOR NIJVERHEID EN TECHNIEK
(NINT)
Tolstraat 129

KONINKLIJK PALEIS
Dam

REMBRANDTHUIS
Jodenbreestraat 4–6

RIJKSMUSEUM
Stadhouderskade 42

NEDERLANDS SCHEEPVAARTMUSEUM
Kattenburgerplein 1

STEDELIJK MUSEUM
Paulus Potterstraat 13

THEATERMUSEUM
Herengracht 168

RIJDEND ELECTRISCH TRAM
MUSEUM
Beginpunt: voormalig
Haarlemmermeerstation,
Amstelveenseweg

TROPENMUSEUM
Linnaeusstraat 2

MUSEUM WILLET HOLTHUYSEN
Herengracht 605

ZOÖLOGISCH MUSEUM
Plantage Middenlaan 53

MUSEUM FODOR
Keizersgracht 609

1 Centraal Station

2 St. Nicolaaskerk

3 Westerkerk

4 Oude Kerk

5 Koopmansbeurs/Effectenbeurs

6 Koninklijk Paleis

7 Cultureel Centrum Nieuwe Kerk

8 Nationaal Monument

9 De Waag/Nieuwmarkt

10 Montelbaenstoren

11 Amsterdams Historisch Museum

12 Begijnhof

13 Munttoren

14 Standbeeld Rembrandt

15 Artis

16 Stadsschouwburg

17 Rijksmuseum

18 Stedelijk Museum

19 Rijksmuseum Vincent van Gogh

20 Concertgebouw

21 RAI CONGRESCENTRUM

▷ richting Alkmaar, Volendam, Marken,
Zaanse Schans

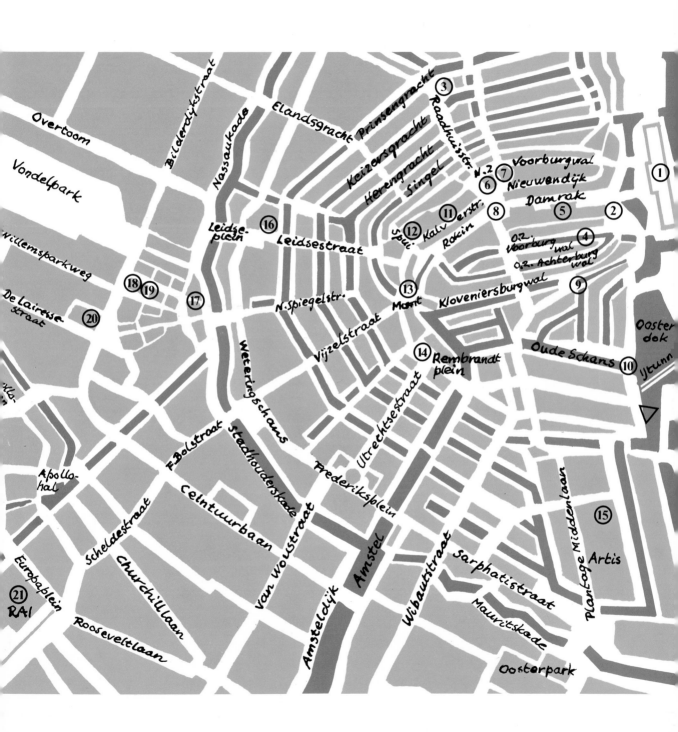